Lachen erlaubt

Witz und Humor
in der Sozialen Arbeit

Bibliografische Information
der Deutschen Bibliothek
Die Deutsche Bibliothek verzeichnet
diese Publikation in der Deutschen
Nationalbibliografie; detaillierte
bibliografische Daten sind im Internet
über http://dnb.ddb.de abrufbar.

Originalausgabe

Satz:
Grafik Design Rainer Fürst
www.rainerfuerstgrafik.de
Umschlaggestaltung:
Rainer Fürst, Herbert Wittl
Druck und Bindung:
Druck Team KG
www.druck-team-kg.de

Printed in Germany

ISBN 978-3-934941-12-0

Herbert Effinger

Lachen erlaubt

Witz und Humor in der Sozialen Arbeit

Regensburg 2006

edition buntehunde

Humor ist einfach
eine komische Art
ernst zu sein.

(Sir Peter Ustinov)

Diese Publikation wurde gefördert von der
Evangelischen Hochschule für Soziale Arbeit Dresden (FH)

INHALT

I WARUM UND WOZU DIESES BÜCHLEIN?

Einleitendes für Menschen, die sich nicht gerne überraschen lassen

Menschen, die eine ihnen gestellte Aufgabe in zielgerichteter Weise effizient und effektiv lösen, bezeichnet man gemeinhin als kompetent und professionell. Karikaturen und Witze über bestimmte Berufsgruppen weisen auf mehr oder weniger humorvolle Art auf typische Eigenheiten, Kompetenzen und Handlungskonzepte dieser Berufsgruppe hin. Der „Erfolg" professionellen Handelns (im Witz) besteht allerdings meist in deren Scheitern. Wieso lassen sich dann damit Aussagen über die Handlungskompetenz – also über Erfolgsstrategien – einer Profession machen? Dieser paradoxen Frage möchte ich im folgenden ein wenig nachgehen.

Ausgehend von der These, dass nur derjenige, der auch über sich selbst lachen kann wirklich erst genommen wird, habe ich 1997 angefangen, Witze über Sozialarbeit und Sozialarbeiterinnen zu sammeln. Eine Umfrage unter Kollegen und Studierenden an meiner Hochschule brachte zunächst nur wenig Ergebnisse. Etwas resigniert musste ich der These des Kollegen Limbrunner (1995) zustimmen, dass es sich bei der Sozialen Arbeit offensichtlich um eine relativ humorlose Gruppe handelt. Als Fundgrube erwies sich dann aber das Internet (Adressen im Anhang). Hier gibt es einige Sammler, die den Fundus des klassischen Sozialarbeiterwitzes verwalten. Seit Jahren sind es aber immer dieselben Witze. Unklar ist, woher diese Witze kommen, wer sie erfunden und wer sie weitererzählt hat. Witze scheinen sozusagen Volkseigentum zu sein. Für sie bestehen keine Urheberrechte, sie werden ohne Copyright von Mund zu Mund weitergegeben und wie in der „Stillen Post" immer auch ein wenig variiert.

Dabei ist die Qualität der mir bekannten Sozialarbeiterwitze recht unterschiedlich. Es gibt gute und weniger gute oder schlechte Witze. Eine objektive Entscheidung darüber, welche wie zu bewerten sind, ist nicht zu treffen. Zum einen hängt die Bewertung natürlich vom persönlichen Geschmack des Hörer bzw. Lesers, von seiner Feld- und Begriffskenntnis und nicht zuletzt von seiner Betroffenheit ab. Mitentscheidend sind natürlich auch der jeweilige Kontext und die Art, wie ein Witz erzählt wird. Bei meiner Auswahl habe ich mich auf solche Witze konzentriert, die mir persönlich gefallen und in denen ich auch ein „Körnchen Wahrheit" entdeckt habe. Im Kontext der Erzählung dieses Textes erscheinen sie mir passend – darunter durchaus auch ein paar schlechte Witze, die ich in einem anderen Rahmen wahrscheinlich nie erzählen oder vortragen würde – weil sich damit typische Klischees oder Stereotype der Profession dokumentieren lassen. Da man die Eigenheiten einer Gruppe erst dann als solche erkennt, wenn man sie von einer anderen Gruppe unterscheidet, habe ich zur Verstärkung bestimmter Eigenheiten an manchen Stellen Witze über andere Professionen mit aufgenommen. Deren Angehörige mögen mir diesen „Missbrauch" nachsehen. Der Vergleich oder das Herausstellen von vermeintlichen Gemeinsamkeiten und Unterschieden ist bekanntermaßen ein beliebtes Mittel der Gemeinschaftsbildung durch Abgrenzung. Anders als bei Witzen über Lehrer, Ärzte und Juristen habe ich allerdings den Eindruck, dass Sozialarbeiterwitze weniger von deren Adressaten (Außensicht und Fremdzuschreibung), sondern eher von den Professionellen selbst erzählt und verbreitet werden. Das spricht zumindest gegen die These des Kollegen Limbrunner von der humorlosen Profession.

Bei den mir bekannten Witzen über Helfer und Heiler fällt auf, dass sie vielfach im ähnlichen Wortlaut für alle der genannten Gruppen zu finden sind. Offenbar hat die eine Gruppe von der anderen abgeschrieben. Dass dies möglich ist, belegt, dass die professionellen Grenzen (Zuständigkeiten und Arbeitsformen) zwischen den modernen Dienstleistungsberufen manchmal recht unscharf und eher formaler als inhaltlicher Natur sind. Das trifft besonders für die Soziale Arbeit und ihr hochkomplexes

Handlungsfeld zu. Diese Berufsgruppe steht nicht nur in der „Konkurrenz" zu anderen, spezialisierteren Helfern, sondern auch zu der unbezahlten Arbeit im privaten Haushalt und zu Ehrenamtlichen. Wer wie ich als gelernter Sozialarbeiter in der Lehre tätig ist, kann bestimmt nachvollziehen, wie schwierig es manchmal ist, genau zu beschreiben und zu erklären, was Soziale Arbeit und das besondere an dieser Tätigkeit eigentlich ist, worin sie sich von Ehrenamtlichen oder von der Hausarbeit unterscheidet und warum man dafür eigentlich eine akademische Ausbildung benötigt. Immer wieder wird man gefragt, was die Professionalität Sozialer Arbeit ausmacht, worin die besonderen Handlungskompetenzen von SozialarbeiterInnen liegen und ob man sich diese doch eher persönlichen (mitgebrachten) Eigenschaften in einer Ausbildung überhaupt aneignen könne.

Während es schon seit längerem Witzbücher über Ärzte und Psychologen gibt, ist diese literarische Beförderung der Sozialarbeitsprofession bisher versagt geblieben. Das vorliegende Büchlein möchte diese bedeutende Lücke schließen helfen. Damit Ihnen Lesen und Lachen leichter fallen, habe ich mich eines didaktischen Hilfsmittels bedient und die folgenden Witze in den Kontext einer ironisierenden Deutung (Hermeneutik) über sozialarbeiterische Handlungskompetenzen eingebunden. Selbstverständlich kann man auch irgendwo aufschlagen und die Witze einzeln lesen. Denken Sie aber immer daran, dass die Art, einen Witz zu erzählen und der Kontext in dem er vorgetragen wird, manchmal wichtiger bzw. witziger sind als der Witz selbst. Zur besseren Übersicht sind im Hauptteil kleine Zwischenüberschriften eingefügt. Sie stellen eine inhaltliche Verbindung zu zentralen Handlungskonzepten und Begriffen der Sozialen Arbeit her und sollen dem Leser die Orientierung ein wenig erleichtern.

Die Zeichnungen stammen von Wolfgang Menz. Als Student an der Ev. Hochschule für Soziale Arbeit Dresden und in seiner Arbeit als Leiter einer Sozialen Einrichtung hat er mit seinen

Zeichnungen manches mehr oder weniger interessante Seminar und manche Sitzung mit schneller Feder kreativ überbrückt und auf den Punkt gebracht. Dafür, dass er mit seinen Zeichnungen die Botschaften meiner Text-Sammlung unterstreicht, gilt ihm mein besonderer Dank.

Obwohl die schönste Sozialarbeiterin „Miss Verständnis" heißt, ist aus der Perspektive des Gendermainstreaming zu vermerken, dass ich nur einen Sozialarbeiterinnenwitz gefunden habe. So gut wie alles ist in der männlichen Form geschrieben und die „Verwalter" des Sozialarbeiterwitzes im Internet gehören auch alle dem männlichen Geschlecht an. Woran das nun wieder liegt, ist mir noch ziemlich schleierhaft. Ob das auch bedeutet, dass alle hier beschriebenen Eigenschaften nur für die männlichen Vertreter unserer Profession gelten sollen, darf wohl ruhig bezweifelt werden. Als männlicher Angehöriger der Profession muss ich allerdings auch gestehen, dass ich das als höchst ungerecht empfinden würde.

Jene, die noch ein klein wenig mehr über die Definitionen von Humor und Witz und deren Funktion und Wirkung erfahren möchten, lesen bitte den Schlussteil. Hier finden Sie dann auch noch weitere und ausführlichere Quellen. Jene, die in ihrem Fundus noch weitere Witze oder Cartoons aufbewahren, mögen mir diese doch bitte zuschicken.
So bleibt am Ende zu erwähnen dass alle Handlungen und Personen natürlich frei erfunden und jede Ähnlichkeit mit lebenden Personen rein zufällig und völlig unbeabsichtigt sind. Zu Risiken und Nebenwirkungen fragen Sie bitte ihren Sozialarbeiter oder Therapeuten!

Lachen erlaubt!

Herbert Effinger

II „SCHÖN, DASS WIR MAL DARÜBER GEREDET HABEN“

Oder: Stellvertretende Deutungen zur subjektiven Hermeneutik des Sozialarbeiterwitzes

Es ist fast unmöglich, die Fackel der Wahrheit durch ein Gedränge zu tragen, ohne jemandem den Bart zu sengen.
(Georg Christoph Lichtenberg 1742-1799)[1]

Bekanntenmaßen ist es gerade mal etwa 100 Jahre her, dass aus sozial engagierten Frauen und Männern Sozialbeamte und Berufstätige mit einer akademischen Ausbildung wurden. Ob man hier oder schon früher die Geburtsstunde der Sozialen Arbeit ansiedeln sollte, ist unter Fachleuten umstritten. Sicher aber ist, dass es schon lange vor dieser Zeit Instanzen und Menschen gab, die sich in besonderer Weise innerhalb sozialer Verbände um das leibliche und seelische Wohl der Angehörigen ihrer Gemeinschaft kümmerten. Bevor sich der moderne Sozialstaat bzw. die Kommunen der sozialen Not annahmen und die Lösung sozialer Probleme zu einer weltlichen Angelegenheit machten, waren es vor allem die Kirchen, Priester und Diakone, die sich um Gebrechliche, Verwahrloste und Hilfsbedürftige kümmerten. Das war insofern folgerichtig, weil die Existenz sozialer Not entweder auf einen außermenschlichen, göttlichen Willen oder aber auf selbstverschuldetes, durch teuflisches Zutun verstärktes Verhalten zurückgeführt wurde. Zu deren Vermeidung brauchte es weniger eine besondere Kompetenz, als vielmehr eine besondere Verbindung zu außerweltlichen Mächten (Gott, Schicksal, Vorsehung usw.) und deren weltlichen Repräsentanten. Diese sich in einer besonderen Haltung ausdrückende Verbindung und nicht ein berufliches Können verlieh jenen Helfern und Heilern ihren besonderen sozialen Status. Die Entstehung und Lösung sozialer Probleme ist also seit jeher mit der Frage nach der Macht und damit auch mit der Frage

1 Zitiert bei Freud (1905, 97)

nach dem Ansehen von Heilern und Helfern verbunden. Solange die Beseitigung der Ursachen sozialer Not weitgehend außerhalb der Reichweite eigener sozialer Kompetenz oder beruflichen Könnens angesiedelt wurde, war das Ansehen von Heilern und Helfern noch unumstritten. Mit dem Prozess der Säkularisierung sozialer Not steht aber auch die soziale Anerkennung der Helfer und Heiler und das Maß ihrer realen Macht auf dem Prüfstand. Denn von nun an wird die Beseitigung sozialer Not immer mehr im Lichte tatsächlicher Veränderungs- und Lösungskompetenzen der dafür bezahlten Personen betrachtet. So steht diese Frage auch in der Sozialen Arbeit seit ihren Ursprüngen immer wieder im Mittelpunkt ihrer disziplinären und professionellen Selbstreflexion.

Es wundert daher kaum, dass Sozialarbeiterinnen und Sozialarbeiter heute – vor allem gegenüber den Theologen – in der öffentlichen Wahrnehmung ein viel höheres Ansehen genießen. Das folgende Beispiel zeigt auf nachdrückliche Weise, wider alle Larmoyanz in der Profession selbst, was Hans Thiersch und Thomas Rauschenbach mit der Rede vom „Sozialpädagogischen Jahrhundert" und dem unaufhaltsamen Aufstieg unserer Profession gemeint haben könnten, nämlich, dass mit der Säkularisierung der Not auch eine Säkularisierung außerweltlicher in fürsorgliche Macht stattgefunden hat.

Drei Mütter unterhalten sich über ihre Söhne.
Die erste ganz stolz: Mein Sohn ist Pfarrer, den grüßen alle mit Herrn Pastor!
Darauf die Zweite: „Das ist doch gar nichts, mein Sohn ist Bischof, den grüßen alle mit Euer Hochwohlgeboren!"
Die dritte Mutter etwas zerstreut: „Ich weiß nicht, immer wenn ich erzähle, dass mein Sohn Sozialarbeiter ist, sagen alle, Ach Du lieber Gott!"

Natürlich würde ein Sozialarbeiter sich selbst nie zu einer solch blasphemischen Äußerung hinreißen lassen – ganz anders als bei den tendenziell eher narzisstisch gestörten Professionen wie Politiker, Theologen, Schauspieler und Journalisten. Eigensucht, Größenwahn und Allmachtsfantasien sind mit unserer Grundhaltung und Berufsethik gänzlich unvereinbar. Gehen wir also davon aus, dass dieses Urteil mehr auf Unkenntnis und verständlicher Verblendung einer stolzen Mutter beruht, die weniger Wert darauf legt, dass ihr Kind etwas kann, als darauf, dass es etwas darstellt und öffentliche Wertschätzung erfährt.

Selbstverständlich gibt es noch Unterschiede zwischen Gott und Sozialarbeitern. Diese drücken sich vor allem in ihrer professioneller Standfestigkeit und Unbeirrbarkeit aus. So wurde ein führender Repräsentant des Vatikans gefragt:

Was ist der Unterschied zwischen Gott und einem Sozialarbeiter?
Gott kann man schockieren.

Aber:

Was ist der Unterschied zwischen Gott und den Lehrern?
Gott schweigt, aber Lehrer müssen immer reden.

Spricht das nicht für unsere Bescheidenheit und Fähigkeit zur Einfühlung (Empathie)? Diese Antworten zeigen, dass sich die Behauptung, sozialarbeiterische Kompetenz würde sich im Kern auf sentimentale Mitleidigkeit und Fürsorglichkeit beschränken, empirisch nicht zu halten ist. Schließlich geht es ja darum, sich auf seinem Weg der Erkenntnis und der Hilfe – im Gegensatz zu den Lehrern – von nichts aber auch gar nichts aus der Bahn werfen zu lassen. Welche andere Profession kann das schon von sich behaupten?

Von den Theologen wissen wir, dass Sozialarbeiter eine besondere Spezies mit besondern Gütemerkmalen sind. So musste der liebe Gott offensichtlich schon während der Schöpfung feststellen, dass an die Grundmaterialien dieser Berufsgruppe besondere Anforderungen gestellt werden, die weit über die Qualitätsanforderungen von DIN ISO 9000 ff hinausgehen:

Als Gott Sozialarbeiter erschaffen wollte, fragte er zunächst die Steine, ob sie Sozialarbeiter werden wollten. Aber die antworteten lapidar: „Oh nein Herr – wir sind nicht hart genug!"

Zusammenfassend könnte man das auch so formulieren:

Sozialarbeiter sein, das ist recht schwer,
Sozialarbeiter werden, noch viel mehr.

Na ja, jedenfalls verbietet sich jeder Vergleich mit Gott und auch wir können uns als Gottesgeschöpfe betrachten. Ganz im Gegenteil zu den Lehrern. Denn:

Während Gott ruhte, schuf der Teufel die Lehrer.

Während sich die ersten Beispiele eher auf das Außenbild und die Grundvoraussetzungen unseres Berufsstandes konzentrieren, geht es im folgenden um Eigenschaften, die seit jeher als ein Kennzeichen für die Angehörigen unserer Profession gelten und zum Kanon unserer zentralen Handlungskompetenzen gehören. Immer wieder wird behauptet, dass der Barmherzige Samariter als das biblische Leit- und Vorbild der Sozialen Arbeit angesehen werden sollte. Aber schon C.W. Müller hat zu recht darauf verwiesen, dass dies nicht stimme, dass vielmehr der Wirt, welcher den Überfallenen im Auftrage des Samariters versorgt, erste Merkmale beruflicher Sozialarbeit aufweist. Doch auch C.W. Müller greift hier meines Erachtens zu kurz. Typische Merkmale, wie das allgegenwärtige Orientierungsdilemma zwischen Skylla (Hilfe) und Charibdis (Kontrolle), finden wir dagegen schon bei Odysseus und seinen jahrelangen Bemühungen, im Kontext vielfältiger Gefahren und Versuchungen seinen historischen Auftrag zu erfüllen. Diese Merkmale finden wir dann auch bei dem ersten Sozialarbeiter der Neuzeit wieder. Sie wissen nicht wer das war? Das war:

Christoph Columbus.
Als er losfuhr, wusste er nicht wohin.
Als er ankam, wusste er nicht, wie er da hin gekommen war.
Als er wieder zu Hause war, konnte er nicht sagen, wo er gewesen war. – Und das alles mit dem Geld anderer Leute.

Sie sehen, schon vor über 500 Jahren konnte man von einem gewissen Legitimationsdefizit der Profession sprechen. Wie sie aber sicherlich auch wissen, bestand das Ergebnis der Reise von Christoph Columbus letztlich darin, dass neue Länder und Bodenschätze (Ressourcen) entdeckt wurden. Allerdings – und das trübt ein wenig unsere Erfolgsgeschichte – waren schließlich weder die Adressaten noch Columbus selbst Nutznießer dieser Ressourcen. Schon nach dieser Intervention ging es vielen schlechter als vorher. Dass dem so war, ist wahrscheinlich auf die damals noch fehlenden Studiengänge für Soziale Arbeit mit staatlicher Anerkennung und die auch sonst mangelhafte Vorbereitung des Kollegen Columbus zurückzuführen. Aber Columbus sei Dank, denn gäbe es heute die ausgefeilten Evaluations- und Qualitätssicherungsverfahren, wenn dieser tatsächlich den Seeweg nach Indien gefunden hätte?

Sie sehen jedenfalls an diesem Beispiel, wie wichtig es ist, eine klare Zielvorstellung zu haben und trotzdem nicht überrascht zu sein, wenn letztlich etwas anderes dabei herauskommt. Man muss immer ergebnisoffen sein und darf sich nicht erschüttern lassen, wenn die Dinge anders ausgehen, als man sie ursprünglich gedacht und geplant hat.

Sozialarbeiter mussten und konnten schon immer mit kontingenten Prozessen umgehen. Nicht das starre Festhalten an unerreichbaren Zielen, sondern der Weg war und ist unser Ziel. Diese Fähigkeit setzt ein hohes Maß an Kreativität und Lebenskunst voraus. Und diese Fähigkeit verbindet uns nur mit wenigen anderen Professionen:

Was haben Sozialarbeiter und Musiker gemeinsam?
Beide wissen nicht, wo im nächsten Monat das Geld herkommt.

Dieser Vergleich weist nun nicht nur auf eine gemeinsame Lebenslage von Musikern und Sozialarbeitern hin. Es zeigt a) dass beide sich selbst als (Lebens)künstler und ihre Tätigkeit als Kunst verstehen und b) dass sie sich trotz eingeschränkter Ressourcen scheinbar überdurchschnittlich vermehren. Mit ihrer ressourcenschonenden Lebensweise nehmen sie damit gegenüber ihren Kunden und Adressaten eine Vorbildfunktion ein.

Unsere selbstgenügsame und bescheidene Lebensweise hat den einen oder anderen Kollegen darum auch schon des öfteren vor körperlicher oder wirtschaftlicher Bedrängung und den kriminellen Energien mancher Mitbürger geschützt. Davon weiß folgendes Beispiel zu berichten:

Ein Sozialarbeiter wird von einem Straßenräuber überfallen.
„Geld oder Leben", schreit der Räuber.
„Tut mir Leid", antwortet der Sozialarbeiter „als Sozialarbeiter besitze ich weder das eine noch das andere."

Allerdings gibt es immer wieder Angehörige der klassischen Professionen, die uns die Fähigkeit zum Überleben sowie fachliche und moralische Überlegenheit bei der Lösung menschlicher und sozialer Probleme neiden:

Fragt ein Sozialarbeiter einen Richter nach dem Weg zum Bahnhof und erhält als Antwort: „Den werden Sie kaum finden, da müssten Sie nämlich immer geradeaus gehen!"

Doch Sozialarbeiterinnen lassen sich von solcher Häme und Engstirnigkeit nicht beeindrucken. Während die spezialisierten Helferprofessionen noch einem naiven Glauben an kausal-lineare Verursachungs- und Problemlösungszusammenhänge nachhängen, sind Sozialarbeiter von jeher daran gewöhnt, rekursiv zu denken und Lösungen vorzuschlagen oder zu erfinden, auf die sonst niemand käme. Auch noch in den ausweglosesten Situationen verlieren wir nie unsere Handlungsperspektive aus den Augen und sind somit Richtern und anderen helfenden Professionen weit überlegen. Dies zeigt das umgekehrte Beispiel:

Kommt ein Richter in einer fremden Stadt an und fragt einen Sozialarbeiter: „Wo geht's denn hier zum Bahnhof?"
Sozialarbeiter: „Keine Ahnung, aber ich fahr Sie schnell mal hin."

Solche empathischen Reaktionen sind durchaus von Erfolg gekrönt, das haben wir schon am Beispiel von Christoph Columbus gesehen. Dass es sich hier nicht um einen Einzelfall handelt und wir auch aktiv werden, wenn wir noch gar keinen Auftrag besitzen, beweist ein uneigennütziger Kollege, der in ähnlicher Situation antwortet:

„Bleiben Sie wo Sie sind. Ich erledige das für Sie!"

Am Beispiel des Bedürfnisses nach Orientierungshilfe wird sozusagen der sozialpädagogische Grundwiderspruch deutlich. Einerseits sollen und wollen wir anderen, orientierungslosen Mitbürgern die Richtung weisen, können oder wollen andererseits aber auch keine Vorschriften machen oder wissen vor lauter Empathie selbst nicht genau, wo wir uns eigentlich gerade befinden. Um so erstaunlicher ist, dass wir damit durchaus erfolgreich sind. Woran mag das liegen?

Um erfolgreich zu sein, kommt es eben weniger auf Wissen und Können als vielmehr auf eine positive Grundhaltung an. Das zeigt ein anderer Vergleich:

Was ist der Unterschied zwischen einem Internisten, einem Chirurgen und einem Sozialarbeiter?
Ein Internist weiß alles, kann aber nichts.
Ein Chirurg kann alles, weiß aber nichts.
Ein Sozialarbeiter kann nichts, weiß nichts, hat aber für alles Verständnis.

Lebenswelt- und Alltagsorientierung

Seit den neunziger Jahren des 20. Jahrhunderts hat sich die Lebenswelt- und Alltagsorientierung in der Sozialen Arbeit als ein leitendes Handlungskonzept etabliert. Was dieses bedeutet zeigt sich beispielsweise daran, dass Sozialarbeiter und Juristen völlig verschiedene und kaum kompatible Denkmuster aufweisen. Beachten Sie die folgende Begebenheit beim Jugendgericht:

„Haben Sie denn nicht an ihren Vater und ihre Mutter gedacht, als Sie den Einbruch verübt haben?", fragt der Jugendrichter den Angeklagten. „Doch", antwortet dieser, „aber ich wollte endlich mal mein eigenes Ding drehen."

Wahrscheinlich wurde er in dieser emanzipativen und selbständigen Haltung von seinem Sozialarbeiter nachhaltig unterstützt. Dass unsere Adressaten diese Botschaft verstanden haben, zeigt ein weiteres Beispiel:

Ein Obdachloser steht wegen eines Diebstahls vor Gericht.
Auf die Frage des Richters, was er von Beruf sei, antwortet der Obdachlose: „Arbeitgeber, Herr Richter!"
Darauf der Richter: „Wem geben Sie denn schon Arbeit?"
Der Obdachlose entgegnet treuherzig: „Ihnen zum Beispiel!"

Die praktische Überlegenheit von Sozialarbeitern zeigt auch der folgende Vergleich mit unseren Nachbarprofessionen – insbesondere mit den Psychotherapeuten der unterschiedlichsten Provenienz. Als ein Mann in einer fremden Umgebung nach dem Weg zum Bahnhof fragt, antworten diese wie folgt:

- Ein Gesprächstherapeut: „Sie möchten wissen, wo der Bahnhof ist?"

- Ein Psychoanalytiker: „Sie meinen diese dunkle Höhle, wo immer etwas Langes rein- und rausfährt?"

- Ein Gestalttherapeut: „Du, lass es voll zu, dass Du zum Bahnhof willst."

- Ein Verhaltenstherapeut: „ Heben Sie den rechten Fuß, schieben Sie ihn nach vorn, setzen Sie ihn auf. Sehr gut! – Hier haben Sie ein Bonbon."

- Ein Provokativ-Therapeut: „Ich wette, da werden Sie nie drauf kommen."

- Ein systemischer Therapeut: „Was ist Dein sekundärer Gewinn, wenn Du mich nach dem Weg zum Bahnhof fragst? Möchtest Du meine Bekanntschaft machen?"

- Ein systemischer Supervisor: „Was glauben Sie, denkt Ihre Schwester, was Ihre Eltern fühlen, wenn die hören, dass Sie zum Bahnhof wollen?"

- Ein lösungsorientierter Therapeut: „Stellen Sie sich vor, plötzlich ist ein Wunder geschehen. Woran erkennen Sie, dass Sie am Bahnhof angekommen sind?"

- Ein Psychodramatiker: „Das spielen wir jetzt mal. Such Dir mal jemanden aus, der jetzt Bahnhof sein kann."

- Ein Bioenergetiker: „Machen Sie mal SCH....SCH....SCH.....!

- Ein NLPler: „Stell Dir vor, Du bist schon im Bahnhof. Welche Schritte hast Du zuvor getan?"

- Ein Hypnotherapeut: „Schließen Sie die Augen. Entspannen Sie sich. Fragen Sie Ihr Unterbewusstsein, ob es Ihnen bei der Suche behilflich sein will."

- Ein Transaktionsanalytiker: „Aus welchem Ich-Zustand heraus fragen Sie mich das gerade?"

- Ein Reinkarnationstherapeut: „Geh zurück in der Zeit – bis vor Deine Geburt. Welches Karma lässt Dich immer wieder auf die Hilfe anderer Menschen angewiesen sein?"

- Ein Ergotherapeut: „Heben Sie den rechten Fuß, schieben Sie ihn nach vorn, setzen Sie ihn auf. – Sehr gut!
Verlagern Sie nun das Gewicht ein wenig nach vorne, und dann wiederholen Sie das Ganze mit dem linken Fuß. – Sehr gut!"

- Ein Soziologe: „Bahnhof? Zugfahren? Welche Klasse?"

- Ein Moderator: „Welche Lösungswege haben Sie sich schon ausgedacht. Schreiben Sie alles hier auf diese Kärtchen."

- Ein Manager: „Fragen Sie nicht lange, gehen Sie einfach los."

- Ein Benchmarker: „Kennen Sie jemanden, der ähnliche Logistikprobleme bereits erfolgreich gelöst hat? Wie lässt sich dessen Vorgehen sinnvoll auf ihre Situation übertragen?"

- Ein Coach: „Wenn ich Ihnen die Lösung vorkaue, wird das Ihr Problem auch nicht dauerhaft beseitigen."

- Ein Pädagoge: „Ich weiß natürlich wo der Bahnhof ist. Aber ich denke, dass es besser ist, wenn Du es selbst herausfindest."

- Ein Priester: „Heiliger Antonius, gerechter Mann, hilf, dass er ihn finden kann."

- Ein Esoteriker: „Wenn Du dahin sollst, wirst Du den Weg auch finden."

Abgesehen von den vielen Möglichkeiten, mit denen man auf eine scheinbar einfache Frage antworten kann, ist festzuhalten, dass man allenfalls noch die Antwort des Managers als qualitativ fast gleichwertig mit der Antwort des Sozialarbeiters werten kann. Zwar ist diese Antwort von Positivem Denken und einem gewissen Glauben an die Selbsthilfekräfte des Fragenden gekennzeichnet. Da der Manager aber zu vergessen scheint, dass er es hier nicht mit einem Mitarbeiter aus der Führungsspitze seines Unternehmens oder einem Geschäftspartner, sondern mit einem hilfebedürftigen Menschen zu tun hat, muss man jedoch befürchten, dass diese Reaktion die Orientierungsfähigkeiten des Fragenden letztlich überfordert und seine Hilflosigkeit nur noch verstärkt.

IRGENDWIE FINDEN WIR SCHON EINEN WEG!

Sozialarbeiter tragen auf ihre besondere Weise zur „Bewahrung der Schöpfung“ bei. Sie zeigen, dass man sich auch bei einem bescheidenen Einkommen durchaus gesund ernähren kann. Das hat sich auch schon bei anderen rumgesprochen:

> Treffen sich zwei Haie.
> Sagt der eine:
> „Boaahh, hab ich einen Hunger!"
> Sagt der andere:
> „Schwimm hundert Meter weiter. Da ist ein Strand mit lauter Sozialarbeitern – dicke Leber und wenig Rückgrat."

Na ja, wenn die beiden allerdings wüssten, wie die sozialarbeiterischen Lungen aussehen, dann würden sie ihren Hunger wohl lieber woanders stillen. Aber lieber eine schwarze Lunge als eine schwarze Seele. Und schließlich trägt der überproportionale Tabakkonsum nur dazu bei, dass wir in überproportionaler Weise zum Abbau des gegenwärtigen Haushaltsdefizits beitragen und damit die Kriterien das Wachstums- und Stabilitätspaktes der EU durch den Finanzminister wieder eingehalten werden können.

Immer wieder wird man gefragt, woran man eigentlich einen Sozialarbeiter auf den ersten Blick erkennen könne. In den siebziger und achtziger Jahren des 20. Jahrhunderts war das noch relativ leicht. Lesen Sie selbst:

Sieht einer auf dem Weihnachtsmarkt einen Stand mit Wollpullis und Wollsocken: „Oh schau mal ein Sozialarbeiterstand!"

Aber nicht nur am äußeren Schein, sondern auch an ihren typischen Hilfsmitteln, den Kommunikationsprozesse fördernden Werkzeugen, war der Arbeitsplatz eines Sozialarbeiters schnell und zweifelsfrei zu identifizieren:

Was sind die wichtigsten Utensilien für einen Sozialarbeiter?
– Eine Kerze, ein Räucherstäbchen, eine Kanne Tee und das Diskussionsdeckchen.

Leider gehört das inzwischen der Vergangenheit an. Die Zeiten in denen man Sozialarbeiter an etwas längeren Haaren, Latzhosen oder der berühmten Birkenstocksandale erkennen konnte, sind mit dem Einzug der Betriebswirtschaft und des Managements in das Soziale vorbei. Nachdem es einige Angehörige der Profession auf ihrem langen Marsch durch die Institutionen sogar bis in höchste Regierungsämter geschafft haben (z.B. Renate

Künast), kann man sie kaum noch an ihren äußeren Kleidungsmerkmalen erkennen. Außenstehenden bleiben dann nur noch relativ private und intime Situationen – wie beispielsweise beim Geschlechtsverkehr – um einen sozialarbeiterischen Habitus eindeutig identifizieren zu können:

„Woran merkst Du, dass Du mit einer Sozialarbeiterin geschlafen hast?"
1. Sie macht alles frei aus dem Bauch heraus.
2. Sie macht es nur, wenn sie auch wirklich will.
3. Sie liegt selbstverständlich oben, denn sie hat gelernt, sich von Männern nicht unterdrücken zu lassen.
4. Sie hat etwas über eine neue Atemtechnik gelesen, die sie mit Dir ausprobieren möchte.
5. Sie weiß zwar was sie will, kann es aber nicht so klar rüberbringen.
6. Sie fragt Dich ständig, wie Du Dich dabei fühlst.
7. Im entscheidenden Moment sagt sie: „Du, lass es voll zu, dass es Dir kommt!"
8. Zwei Kollegen sitzen daneben und diskutieren, welche Methode sie angewendet hätten.

Dass Sozialarbeiter sich nicht nur für andere aufopfern, sondern – trotz relativ niedriger Einkommen – gut für sich selbst sorgen können, belegt folgendes Ereignis.

Treffen sich zwei Sozialarbeiter auf der Straße. Fragt der eine: „Du, sag mal, kannst Du mir sagen, wo der nächste Supermarkt ist?"
Der andere antwortet: „Nee, Du, kann ich Dir auch nicht sagen, tut mir echt Leid."
Darauf der erste: „Na ja, aber ich fand 's echt schön, dass wir mal drüber geredet haben."
Am nächsten Tag treffen sie sich wieder und der eine sagt: „Na, hast Du den Supermarkt gefunden?"
„Nee", sagt der andere, „aber ich kann jetzt damit umgehen."

Was lernen wir daraus über unseren Berufsstand?
1. Sozialarbeiter haben eine stark nach innen, dem wahren

Selbst zugewandte Wahrnehmung und ein Gespür für alltagsorientierte, ganzheitliche Lösungen.

2. Der Kern sozialarbeiterischer Kompetenz besteht in ihrer kommunikativen Fähigkeit.

3. Sozialarbeiter können am besten mit Personen kommunizieren, die ihrer eigenen Profession angehören.

4. Das Klischee vom Helfersyndrom ist eine Erfindung konkurrierender Berufsgruppen und bei Sozialarbeitern nicht anzutreffen.

Das ausgezeichnete Gespür von Sozialarbeitern für alltagsorientierte und ganzheitliche Handlungsstrategien, die auch in scheinbar unlösbaren Situationen ein „gelingenderes Leben" (Thiersch) ermöglichen, zeigt das nächste Beispiel:

> Steigt ein Sozialarbeiter ins Taxi.
> Fragt der Taxifahrer: „Wo möchten Sie denn hin?"
> Darauf der Sozialarbeiter: „Egal – ich werde überall gebraucht!"

Solche Beispiele belegen nachdrücklich die These, dass der Gegenstand Sozialer Arbeit in der „Lebensbewältigung" (Böhnisch; Tilk) bzw. der „Bewältigung sozialer Probleme" (Engelke, Staub-Bernasconi) liegt.

Ressourcenorientierung

Wie hier, so zeigen sich auch in einem ähnlichen Fall unsere Hoffnungs-Fähigkeit, unsere Empathie und unsere Fähigkeit zum positiven Denken, die Fähigkeit also, die es einem erlaubt, die wahren Bedürfnisse und verdeckten Ressourcen unserer Adressaten zu erkennen und das für ein erfolgreiches Arbeitsbündnis notwendige Vertrauen zu schaffen:

> Ein Reisender kommt in eine fremde Stadt.
> Er fragt einen Passanten nach dem Weg ins nächste Hotel.
> Dieser Passant, zufällig ein Sozialarbeiter antwortet: „Tut mir leid,

das weiß ich auch nicht. Aber ich finde es wirklich toll, dass Sie sich getraut haben, mich zu fragen."

In vielen Sozialarbeiterbüros findet sich der Wahlspruch:

„Unmögliches wird sofort erledigt. Wunder dauern etwas länger."

Schon lange bevor das Neurolinguistische Programmieren (NLP) erfunden wurde, beherrschten Sozialarbeiter das, was Bandler und Grinder später „Rapport" (guter Kontakt), „Kongruenz" (intrapersonale Stimmigkeit), „Kalibrieren" (Sich-Einstellen, Sich Eichen), „Ankern" (absichtlich herbeigeführte Reiz-Reaktions-Konditionierung) nannten. Dieser Eindruck wird uns auch immer wieder von Eltern und schließlich von unseren eigenen Kindern bestätigt:

Bei einer Nachtwanderung hielt sich mein neunjähriger Sohn ängstlich an meiner Hand fest und erinnerte mich daran, dass in der Gegend bereits Bären gesehen worden seien.
Ich fragte ihn: „Würdest Du mir denn zutrauen, mit den Bären fertig zu werden?"

Er antwortete: „Oh ja! Du bist doch ein Sozialarbeiter. Du würdest vermutlich zu dem Bären sagen: ‚Setz Dich hin und lass uns mal ein wenig über Dein Problem reden!'"

Wie erfolgreich sich diese Handlungsstrategie und unsere grundsätzlich positive Grundhaltung gegenüber den Dingen auswirken, kann man am folgenden Beispiel sehen:

> Ein Sozialarbeiter auf einer Safari in Afrika wird von mehreren Löwen umstellt.
> Aus tiefster Angst geht er in sich, um eine positive Aura aufzubauen und um nicht von den Löwen gefressen zu werden.
> Wie er aus der Selbstreflexion aufschaut, sitzen die Löwen im Kreis und halten sich die Hände.
> Der Sozialarbeiter ist hoch erfreut, dass sein Glaube an das Gute gesiegt hat.
> Die Löwen im Chor: „Einen guten Appetit zusammen!"
>
> Ein Diakon in ähnlicher Lage fängt an zu beten:
> „Oh lieber Gott, mach diese Löwen fromm!" - Dann fällt er in Ohnmacht.
> Als er wieder zu sich kommt, sitzen drei Löwen um ihn herum und beten: „Oh Herr Jesus, sei unser Gast, und segne was Du uns bescheret hast!"

Benchmarking

Im Zuge der Ökonomisierung Sozialer Dienste haben immer mehr Instrumente der Betriebswirtschaft und der Managementlehre wie beispielsweise das Benchmarking in der Sozialen Arbeit Einzug gehalten.
Danach werden immer häufiger Vergleiche zwischen der Sozialarbeit mit anderen Lebewesen oder Dingen gesucht. Diese sollen auch dem Nicht-Fachmann die Kernkompetenzen der Sozialen Arbeit eindrucksvoll nahe bringen:

> Was ist der Unterschied zwischen einem Kampfhund und einem Sozialarbeiter?
> – Ein Kampfhund lässt sein Opfer irgendwann wieder los.

Oder: Was ist der Unterschied zwischen einem Sozialarbeiter und einem Terroristen? – Der Terrorist hat Sympathisanten.

Auch diese Beispiele muss man als weiteren Beleg für unsere Standfestigkeit und Beharrlichkeit deuten. Wenn es wirklich darauf ankommt, dann kann uns einfach nichts, aber auch rein gar nichts von der Erfüllung unseres Auftrages ablenken. Mit Erich Honecker könnte man sagen:

Den Sozialarbeiter in seinem Lauf,
hält weder Ochs noch Esel auf!

Dass wir unsere Aufgaben oft so unscheinbar, immer bescheiden und jenseits öffentlicher Aufmerksamkeit erfüllen, belegt folgender Fall:

Fragt ein Schreiner einen Sozialarbeiter: „Kennst Du den Unterschied zwischen Holz und einem Sozialarbeiter?"
„Nein!" – Darauf der Schreiner: „Holz arbeitet!"

Hilfe zur Selbsthilfe und Empowerment

Als eine der herausragendsten Kompetenzen unserer Profession gilt unsere Entscheidungsfreude und unsere Fähigkeit, in kritischen Situationen die Suche nach vorhandenen Ressourcen nie aus den Augen zu verlieren. Auch noch in den komplexesten und ausweglosesten Lebenslagen tun Sozialarbeiter immer das Richtige und das Nachhaltigste.

Ein Priester, ein Rabbi und ein Sozialarbeiter sind in einem Flugzeug unterwegs.
Aufgrund technischer Probleme fallen nach und nach sämtliche Triebwerke aus, und das Flugzeug beginnt abzustürzen.
Wie reagieren die drei?
Der Priester beginnt zu beten und an seinem Rosenkranz zu fingern.

Der Rabbi liest in seiner Thora...
und der Sozialarbeiter beginnt eine Selbsthilfegruppe für Opfer von Flugzeugkatastrophen zu organisieren.

Dieses Beispiel zeigt, dass wir, seit es diesen Beruf gibt, dem Credo von der „Hilfe zur Selbsthilfe" immer treu geblieben sind. Wie ernst wir es mit dieser zentralen Selbstverpflichtung meinen, zeigt die folgende Aussage:[2]

Hilf Dir selbst, sonst hilft Dir ein Sozialarbeiter!

Noch einmal wird deutlich, dass vom „Helfersyndrom" in der Sozialen Arbeit keine Rede sein kann. Dass auch unsere Adressaten die obige Zentralbotschaft verstanden haben, belegt die folgende Aussage:

Bitte nicht helfen – ich habe
es schon schwer genug!

Ihr vornehmstes Ziel auf dem Weg zu einer sozial gerechten Gesellschaft, sich selbst überflüssig zu machen, setzen Sozialarbeiter, entgegen manchen öffentlichen Vorurteilen oder Vorwürfen aus Politik und Verwaltung, in jedem Falle konsequent, logisch und widerspruchsfrei um. Das zeigt auch das folgende Interview:

Frage: „Was ist ihr Grundproblem?"
Antwort: „Zu wenig Geld!"
Frage: „Was brauchen Sie für eine bessere Jugendversorgung?"
Antwort: „Mehr Sozialarbeiter."

2 gefunden als Graffiti auf einer Postkarte von der Caritas

Frage: „Und was ist Ihr Ziel?"
Antwort: „Die Jugendlichen in Ihrer Unabhängigkeit von den Sozialarbeitern zu bestärken."

Als sehr schwierig erweist sich immer wieder die Frage, zu welchem Zeitpunkt und in welcher Situation unsere Interventionen unvermeidlich sind. Ein Sozialarbeiter in einem Jugendamt hat dafür folgende Kriterien zusammengetragen. Er wird tätig:

- Wenn es für einen Sechsjährigen normal ist, auf seine fünf-, vier-, und zweijährigen Geschwister aufzupassen.
- Wenn die Kinder glauben, eine an das Fenster genagelte Decke sei eine Designer-Gardine.
- Wenn die Kinder den Kakerlaken Namen geben und sie „Freund" nennen.
- Wenn der Hund stubenrein ist, die Kinder aber nicht.

Dass uns übertriebene Fürsorglichkeit fremd ist und uns das Wohl unserer Adressaten immer vor unsere eigenen Interessen geht und wir das Gebot der Selbsthilfe und des Empowerments nie aus den Augen verlieren, zeigt folgende Begebenheit:

Zwei Sozialarbeiter gehen im Park an einem See spazieren.
Ein Mann schreit verzweifelt um Hilfe.
Die Sozialarbeiter gehen unbeeindruckt weiter.
Der Mann schreit weiter um Hilfe. – Keine Reaktion.
Da ruft der Mann: „Hilfe! Ich ertrinke!"
Darauf der eine Sozialarbeiter zum anderen: „Das wurde aber auch Zeit. Endlich hat er sein Problem erkannt."

Autonomie der Lebenspraxis und Akzeptierende Sozialarbeit

Dieses Beispiel zeigt schließlich auch, dass Sozialarbeiter ihre Macht als Experten der Bewältigung schwieriger Lebenslagen niemals missbrauchen und ihre Adressaten in irgend einer Weise, irgendwie bevormunden. Vor jeder helfenden Intervention und Erkenntnis steht immer das Prinzip der „Autonomie der Lebenspraxis“ (Oevermann) und die Förderung zur Selbsterkenntnis bei den Hilfebedürftigen und den uns Anvertrauten.

Ein Bettnässer ist bei einem Sozialarbeiter in der Familientherapie.
Nach der Behandlung trifft er seinen besten Freund.
Der fragt: „Na wie geht's, machst Du jetzt nicht mehr ein?"
Der Bettnässer antwortet: „Nö, wieso? Jetzt bin ich stolz drauf!"

Das Autonomieprinzip in Verbindung mit einem akzeptierenden Handlungsansatz (Krafeld) wenden wir selbstverständlich auch in der Erziehung unserer eigenen Kinder an.
Hier ist der Beweis:

Geht ein Sozialarbeiter zum Standesamt, um sein Kind anzumelden.
Fragt der Standesbeamte: „ Wie soll Ihr Kind denn heißen?"
Antwortet der Sozialarbeiter: „Ach, lassen Sie das noch offen, das soll er später einmal selbst entscheiden."

Leider gelingt es uns nicht immer, unseren Adressaten den Sinn unser Interventionen zu erläutern:

Eine Mutter holt ihren Sohn aus der Kinder- und Jugendtherapie ab.
„Und?", fragt sie neugierig, „Was hat der Sozialarbeiter gesagt?"
„Ich hätte einen Ödipus-Komplex", antwortet der Sohn.
Darauf die Mutter: „Ach so ein Quatsch, Hauptsache, Du hast die Mami lieb."

Kundenorientierung

Unsere Fähigkeit, auch in scheinbar eindeutigen Situationen nicht den Blick für das Wesentliche und auf die wirklich Schuldigen zu verlieren, zeigt eine weitere Begebenheit:

Kommen zwei Sozialarbeiter aus der Kneipe und sehen einen Mann blutüberströmt auf der Straße liegen.
Sagt der eine zum anderen: „Du, demjenigen, der das gemacht hat, müssen wir unbedingt helfen."

Sozialarbeiter verwechseln eben niemals den Zusammenhang von Ursache und Wirkung und lassen sich auch nicht über die tatsächliche Verteilung von Täter- und Opferrollen beirren. Dieses Beispiel zeigt außerdem, was der Kollege Tilmann mit der These meint, dass im Mittelpunkt der Sozialen Arbeit der „Homo abusus" oder der „Mensch im Missbrauch" zu stehen hat.

Ein klarer Blick für das Wesentliche und ihre Kompetenz, zwischen richtigen und falschen Handlungsperspektiven klar zu unterscheiden, befähigen Sozialarbeiter in besonderer Weise zur Übernahme von politischer Verantwortung, denn:

> Wenn ein Sozialarbeiter an die Regierung käme, wie würde er die Obdachlosigkeit bekämpfen? – Er würde mehr Brücken bauen.

Nicht erst seit den Zeiten Alice Salomons gehört das Credo von der „Hilfe zur Selbsthilfe" zu den zentralsten Handlungsmaximen der Profession. Sozialwissenschaftlich betrachtet handelt es sich bei Hilfe um einen interaktionellen Prozess personenbezogener Dienstleitung, der durch das sogenannte Uno-Actu-Prinzip gekennzeichnet ist. Danach kann es in der Sozialen Arbeit nur dann zu einem befriedigenden Arbeitsergebnis kommen, wenn alle Beteiligten zur selben Zeit und am selben Ort an der Lösung eines gemeinsam definierten Problems beteiligt sind. Soziologen und Wirtschaftswissenschaftler nennen unsere Adressaten daher auch Prosumenten (Toffler) oder Koproduzenten. Heute wird das Prinzip der Hilfe zur Selbsthilfe gern mit dem sogenannten Empowerment, einem Konzept aus der amerikanischen Selbsthilfebewegung, ergänzt. Beide Handlungsmaximen weisen den Adressaten letztlich die entscheidende Lösungskompetenz im gemeinsamen Arbeitsbündnis zu. Die nachfolgenden Beispiele belegen, dass Sozialarbeiter neben ihren außergewöhnlichen sozialen – auf konsequente Selbsthilfe ausgerichteten – auch noch über hervorragende technische Kompetenzen verfügen. Den Beleg dafür liefern unterschiedliche Antworten auf eine handlungstheoretische Grundfrage:

Wie viele Sozialarbeiter braucht man um eine Glühbirne zu wechseln? Ein vom Empowerment inspirierter Sozialarbeiter antwortet: „Wir wechseln keine Glühbirnen. Wir befähigen Sie mit der Situation klarzukommen und sich selbst zu wechseln."

Sie sehen, an der Selbsthilfeorientierung halten Sozialarbeiter auch in scheinbar banal wirkenden Alltagssituationen fest. Es kommt immer darauf an, wie man ein vermeintliches Problem deutet. Hierzu bieten sich durchaus unterschiedliche Arbeitshypothesen an. Die Antwort auf die obige Grundfrage,

Wie viele Sozialarbeiter braucht man, um eine Glühbirne zu wechseln?

könnte deshalb beispielsweise auch lauten:

a) Keinen. – Für den Klienten muss die ausgebrannte Glühbirne eine besondere Bedeutung haben (sekundärer Nutzen), sonst hätte er sie schon längst selbst ausgewechselt.

Oder:

b) Keinen. – Die Glühlampe ist nicht durchgebrannt, sie erscheint nur unter einem anderen Licht.

Oder:

c) Keinen. – Wir haben alle gelernt, mit der Dunkelheit klarzukommen.

Oder:

d) Ist eigentlich egal. – Denn die Glühbirne wird eh dem Burn-Out-Syndrom erliegen.

Falls sich diese Arbeitshypothesen als nicht viabel (angemessen) erweisen und unsere Hilfe doch erforderlich wird, kann dies nur unter folgender, partnerschaftlicher Voraussetzung geschehen.

e) Nur einen! – Aber die Glühbirne muss auch wirklich wollen.

In besonders schwierigen Fällen, insbesondere dann, wenn der Widerstand bei unseren Adressaten besonders stark ist, kann es erforderlich sein, sich in einem Team dem Problem zu nähern. Die Antwort könnte dann lauten:

f) Drei! – Einen für die Arbeit, einen um die Erfahrungen zu teilen, und einen zur Supervision, damit die Professionalität der Arbeit gewährleistet ist.

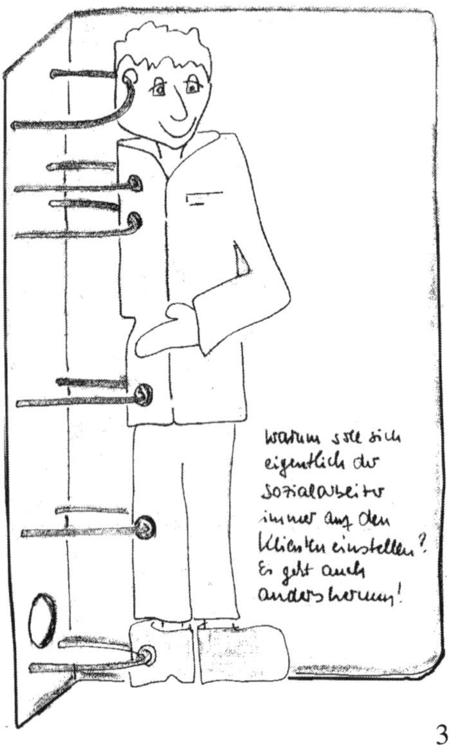

Ob unsere reflexive Kompetenz und ein solches Team tatsächlich zum Einsatz kommt, steht allerdings oft in den Sternen. Die Antwort lautet leider allzu oft:

g) Nur einen. – Sozialarbeiter haben nie ausreichend Zeit um gemeinsame Termine zu finden.

Niemals sollte man allerdings aus den Augen verlieren, dass an einer Problemlösung in einem zumeist bürokratisch-institutionellen Kontext noch weit mehr Kollegen und Instanzen beteiligt sind als jene, die unmittelbar mit den Adressaten zusammen arbeiten. Die Antwort müsste dann lauten:

h) Hundert! – Einen, um die Glühbirne zu wechseln und 99 für den Papierkram.

An diesem Beispiel wird ein weiteres Grundproblem Sozialer Arbeit deutlich. Es ist die Komplexität der einzelnen Fälle und die Schwierigkeit, das richtige Maß des Einsatzes fremder und eigener Ressourcen für deren Bearbeitung zu finden.

Systemische Sozialarbeit

Wie jeder weiß, Sozialarbeiter arbeiten zwar häufig „klientenzentriert“ (Rogers) aber niemals klientenfixiert. Sie verabscheuen grundsätzlich jede individualistische Lösung, welche von den gesellschaftlichen Ursachen der sozialen Probleme ablenkt. Darum muss vor jeder Intervention zunächst eine eher metatheoretische Grundfrage geklärt werden:

Ist es tatsächlich die Glühbirne, oder benötigt das System einen Wechsel?

Was immer auch die angemessene Hypothese und Handlungsstrategie sein mag. In jedem Falle wäre erst mal mit Burkhard Müller zu klären, was in diesem Fall „ein Fall von“, was „ein Fall für“ und was „ein Fall mit“ ist.

Soziale Gerechtigkeit, Gleichheit und Solidarität

Als Bewahrer des christlich-jüdischen Kulturerbes und der Aufklärung kennzeichnet uns vor allem eine egalitäre Grundeinstellung und die Fähigkeit, partnerschaftliche und dialogische Begegnungen (Buber) aufzubauen sowie pädagogische Bezüge (Nohl) partizipativ und produktiv zu gestalten. Ein findiger Kollege, der diese Tradition gekonnt mit der Moderne verbindet, hat sich daher folgende Losung als Bildschirmschoner auf seinem PC programmiert:

Alle Klienten sind gleich! – Mir jedenfalls!

Die kommunikative und soziale Kompetenz der Profession – gepaart mit einem Höchstmaß an emotionaler Intelligenz – zeigt sich vor allem im Umgang mit Widerständen in der Arbeit:

Ein Sozialarbeiter
läuft irgendwo
gegen eine Wand.
Diese fällt um!
Was ist passiert?
– Die Klügere
gibt nach!

Auf Sozialarbeiter ist eben immer Verlass. Deshalb müssen sich diese auch keine Sorgen um ihre berufliche Zukunft machen. Wir werden nicht nur überall gebraucht, sondern sind auch flexibel einsetzbar:

„Ich kenne eine Sozialarbeiterin und einen Sozialarbeiter, die sich schon während des Studiums ineinander verliebt haben. Sie besuchten die Vorlesungen und Seminare zusammen, schrieben ihre Diplomarbeit gemeinsam, leisteten zusammen ihr Anerkennungsjahr ab und jetzt arbeiten sie zusammen beim selben Träger."
„Das ist aber ungewöhnlich..."
„Wieso? – Das Taxiunternehmen brauchte gerade zwei Fahrer..."

Leider wird das nicht überall so gesehen. Und wieder einmal sind es unsere Eltern, die sich durch ein verstelltes Fremdbild in ihrem Urteil beeinflussen lassen:

Ein Sozialarbeiter und eine Sozialarbeiterin lernten sich beim Wochenendseminar kennen. Zwischen ihnen funkte es, und während des gesamten Wochenendes verbrachten sie ihre Zeit zusammen.
Beim Abschied am Sonntag versprachen sie, weiterhin in Kontakt zu bleiben, da beide in entgegengesetzter Richtung wohnten. Die ersten Wochen schrieben sie sich noch gegenseitig, doch nach

einigen Monaten ließen ihre Telefonate und Briefe nach. Er versuchte zwar den Kontakt aufrechtzuerhalten, aber nach einiger Zeit musste er einsehen, dass ihr Verhältnis vorbei war.
Zwei Jahre später trafen sie sich zufälligerweise wieder. Ihre Leidenschaft flammte wieder auf, und nach einiger Zeit fragt er sie, warum sie damals den Kontakt abgebrochen habe.
Daraufhin erklärte sie ihm, dass sie von ihm schwanger geworden sei, und dass sie eine gemeinsame Tochter hätten.
Erschrocken fragt er, warum sie ihm das nicht erzählt habe. Er hätte sie jedenfalls gern geheiratet.
Daraufhin erzählte sie ihm, dass auch sie ihn gerne geheiratet hätte, aber nach langen Diskussionen mit ihren Eltern sei entschieden worden, dass es besser sei, einen Bastard zu haben als noch einen Sozialarbeiter.

Wenn diese Eltern gewusst hätten, wie kreativ und phantasievoll Sozialarbeiter und ihre Kinder sein können, wäre es nie zu dieser Fehlentscheidung gekommen.
Lesen Sie selbst:

Klaus geht in die 2. Klasse.
Die Eltern sind beide Sozialarbeiter.
Die Lehrerin fragt Klaus: „Wieviel ist vier plus fünf?"
Klaus: „Die Antwort ist neun. – Aber ich möchte es lieber vortanzen..."

Letztendlich wird der Gesellschaft – und vor allem unseren Angehörigen – unser vorbildhafter Charakter nicht verborgen bleiben, denn:

Warum werden Sozialarbeiter 300 Meter tief in der Erde begraben?
– Tief im Inneren sind auch sie gute Menschen.

Dieses Beispiel zeigt, dass wir nicht nur Hoffungsträger sind, sondern uns um die gesellschaftliche Anerkennung unserer historischen Mission keine Sorgen machen müssen.

GEMEINSAM SIND WIR
UNENTBEHRLICH

Nicht bekannt ist mir, bei welchem Alter die durchschnittliche Lebenserwartung von Sozialarbeitern liegt. Die durchschnittliche Verweildauer ist allerdings recht kurz. Einerseits wird das wohl immer noch auf den hohen Anteil von Sozialarbeiterinnen zurückzuführen sein. Andererseits wohl auch auf die hohe Bereitschaft zur Selbstaufopferung, welche dann leicht zum sogenannten Burnout führt. Damit dieser möglichst vermieden wird, empfehle ich die bewährte christliche Regel „Liebe Deinen Nächsten mehr als Dich selbst!" zu befolgen:[3]

1. Arbeite stets so viel und so lange wie irgend möglich
– besonders auch abends und an Wochenenden sowie an Feiertagen.

2. Nimm möglichst viele und besonders belastende Fälle bzw. Aufgaben an.

3. Vermeide klare Arbeitsstrukturen und feste Sprechzeiten.
Lege Dir Deine Beratungstermine möglichst alle hintereinander, so dass Du keine Zeit zum Nachdenken, Sortieren und Erholen verschwendest.

4. Vermeide Pausen
– und beschäftige Dich in den unvermeidlichen Pausen mit den besonders schwierigen Fällen.

5. Mach Deine Selbstbestätigung ausschließlich von Deiner Arbeit abhängig.
Versuche erst gar nicht, so etwas wie ein Privatleben zu führen. Deine Klienten und Deine Kollegen brauchen Dich viel zu sehr.

6. Nimm Dir höchstens einmal im Jahr Urlaub
– und das nur, wenn es sich wirklich nicht vermeiden lässt. Falls nicht: Nimm möglichst viel Fachliteratur und Akten mit in den

3 10 erprobte und wirkungsvolle Ratschläge, wie Sozialarbeiter sich vor Burnout schützen können. Nach einer Vorlage von A. Rosenberg und R. Belson

Urlaub und vergiss nicht, möglichst oft im Büro anzurufen oder in Deine Mailbox zu sehen, ob es dort vielleicht dringende Aufgaben gibt.

7. Verschwende unter keinen Umständen Zeit und Geld um Deine Arbeitsräume schön herzurichten.
Warum solltest Du Dich den ganzen Tag in einer angenehmen Umgebung aufhalten, wenn sich auch Deine Adressaten nichts Schönes leisten können?

8. Glaube fest daran, dass gerade Du jeden Fall lösen kannst.
Nur Du kannst Deinen Adressaten wirklich helfen und wenn diese keine Fortschritte machen, dann ist es allein Dein Fehler.

9. Sei nie an Deinem eigenen Wohlergehen interessiert.
Rede nie über positive Seiten Deiner Tätigkeit oder über Deine beruflichen Erfolge. Denke auch nie daran, Dich beruflich weiter zu entwickeln und weiter zu kommen oder Dich gar finanziell zu verbessern – das ist nur was für Geschäftsleute.

10. Lebe Dein Leben ohne Freunde, Partner oder Familie.
Solltest Du dummer Weise doch schon eine Familie haben,

ignoriere sie einfach. Wenn Du alleine bist, dann suche nach dem absolut idealen Partner – auch wenn diese Suche Dein ganzes Leben dauert. Gib Dich niemals mit einem normalen Menschen zufrieden, erwarte das Unmögliche.

Am Ende all dieser (Selbst)deutungen bleibt noch darauf hinzuweisen, dass die These, bei der Sozialen Arbeit handele es sich um eine „Profession ohne Eigenschaften" (Kleve), nachhaltig widerlegt werden konnte. Falls Sie selbst Sozialarbeiter oder Sozialarbeiterin sind, prüfen Sie doch selbst, ob die vorstehenden Aussagen zutreffen oder nicht. Aber Achtung:

Was ist das größte Problem bei der Selbstanalyse?
– Die Gegenübertragung.

So weit so gut. Sie werden sehen, die Antwort auf die Frage, wie viele Sozialarbeiterwitze es gibt, kann nur lauten:

Gar keine! – Denn alles ist wahr!

III „SCHLUSS MIT LUSTIG!“

Zur Bedeutung von Witz und Humor in sozialen Berufen Für Menschen, die aber auch alles verstehen möchten

„Die Lüge ist ein Winkelgang,
von dem man durch eine Hintertreppe
zur Wahrheit gelangen kann.“
(Michel de Montaigne 1533 -1592)

„Kein Gedanke ist so alt oder absurd,
dass er nicht unser Wissen verbessern könnte“
(Paul Feyerabend 1975)

Der Begriff Witz stammt aus dem althochdeutschen und bedeutet so viel wie Verstand, Klugheit, Wissen und Weisheit. Das Adjektiv witzig wird oft mit schlau, verständig, geistreich und kundig gleichgesetzt. Ein witziger Mensch, so kann man annehmen, ist ein kluger Mensch. Er verfügt über hervorragende Menschenkenntnis und ein ausgeprägtes Einfühlungsvermögen in die Natur und die Absurditäten des menschlichen (Zusammen)-Lebens. Sehr anschaulich und auf wahrhaft meisterhafte Weise kann man dies beispielsweise bei Loriot bestaunen.
Wenn Witz und Wissen begrifflich aus derselben Wurzel stammen, kann man auch einen Bezug zur Wissenschaft herstellen. So geht es in diesem Text um die Verbindung von Sozialarbeitswissenschaft und Sozialarbeiterwitz. Bei Witzen und Karikaturen (Cartoons) handelt es sich gewissermaßen um „wahre Lügen“. Ihre Wirklichkeitskonstruktionen haben nur bedingt etwas mit dem Alltag und der erlebten Realität zu tun. Oft handelt es sich eher um Zuschreibungen, Klischees, Projektionen, Zuspitzungen und grobe Vereinfachungen. Sie versuchen, einen relativ komplexen Vorgang auf einen wesentlichen Punkt zu bringen. Mit Stilmitteln wie der Überzeichnung, der Analogie, dem Wortspiel sowie absurden und paradoxen Wendungen, wird dabei bei-

spielsweise auf angenommene oder unterstellte, typische Merkmale oder Schwächen der im Mittelpunkt stehenden Akteure hingewiesen, die Assoziationen und Analogien mit eigenem Erleben zulassen. Wären diese Bilder völlig aus der Luft gegriffen, würde dieser hinter-sinnige „Unsinn" keinen Sinn ergeben und seine beabsichtigte Wirkung kaum erzielen. Hinter solchen Witzen stehen oft reale Erfahrungen, die sich dann mit den im Witz transportierten Bildern verbinden. Diese Erfahrungen und die darauf bezogenen Witze tragen nicht unerheblich zum Image der Akteure wie den Angehörigen einer Profession bei. In Witzen – so die allgemeine An-nahme – liegt ja immer auch ein „Körnchen Wahrheit".

Jeder Witz enthält Wissen in Form von Alltagstheorien. Es handelt sich quasi um ein Wissen, das aus Erlebnissen und Erfahrungen geronnen ist und in indirekterer und verdeckter Form als eine Art Nach-Urteil präsentiert wird. Ähnlich wie beim Vor-Urteil geht es dabei um eingegrenzte, getrübte Wahrnehmungen. Beim Witz handelt es sich somit um eine Art von irrationalem Wissenssystem, das sich – ähnlich wie beim Traum – zwar den Gesetzen der Logik, nicht aber denen der menschlichen Erfahrung widersetzt. Wie bei ihrer Schwester, der wissenschaftlichen Theorie als einem rationalen Wissenssystem, beruht es auch auf Abstraktionen und Komplexitätsreduktionen. Witze und Wissenschaften, Lüge und Wahrheit sind offenbar nur unterschiedliche Spielarten des Versuchs, komplexe und manchmal schwer erträgliche Realitäten begreifbar und erträglich zu machen. Witze sind also eine höchst seriöse Angelegenheit. Auch wenn Freud (1905, 148) im Lustgewinn den wesentlichen Motor für die Erfindung und den Einsatz eines Witzes bezeichnet, so nennt er die Tätigkeit sehr wohl – in Analogie zur Traumarbeit – Witzarbeit. Im Witz werden sozusagen die Prinzipien der vita contemplativa und der vita activa (H. Arendt) miteinander vereinigt.

Ein Witz konstruiert und kreiert ein eigenes System von Sinn. Wenn man fragt, was die Gemeinsamkeiten von Witz und Genie sind, dann stößt man darauf, dass beide oft mit Wahnsinn, Verrücktheit und Anormalität assoziiert werden. Blödsinn, Schwachsinn oder Unsinn sind eben Spezialformen von Sinn und nicht deren Gegenteil. Ihre Verwandtschaft zeigt uns, dass wir keinen Anlass haben, die Kategorien von Sinn einerseits und Un-, Schwach- oder Blödsinn andererseits als gegensätzliches „entweder – oder" zu begreifen, sondern als eine Form des „sowohl – als auch".

Man mag es für zu einseitig und zu defizitorientiert halten, wenn Freud den Sinn oder die Funktion eines Witzes lediglich darin sieht, Hemmungen zu beseitigen oder sich Hemmungen zu ersparen. Aber auch wenn man ergänzt, dass Humor eine wirksame Methode der Lebensführung und Lebensbewältigung darstellt, dann zeigt sich auch hier die Verbindung mit unserem Vor- und Unbewussten, mit unseren Intuitionen und unseren schöpferischen Potentialen. Dabei wird sehr gut deutlich, dass Witz und Wissen wirklich gemeinsame Wurzeln haben. Ein guter Witz bringt reflektiertes Wissen und Intuition, in vorbewusste Sphären abgedrängtes aber reflexartig verfügbares Wissen, wieder zusammen. Witze mobilisieren gleichsam Erkenntnisressourcen, die sonst nicht verfügbar wären. Ein Witz kann eine alternative Sinnebene und damit Handlungsfähigkeit in Situationen herstellen, die vordem als lähmend oder langweilig erschienen. Dennoch scheinen sich die Techniken des Witzes mit denen der Gewinnung rationalen Wissens nicht miteinander zu vertragen. Die Wirkung eines Witzes verpufft, wenn man über ihn erst nachdenken muss.

Wenn es nicht die Ratio ist, die Witz und Wissenschaft verbindet, was ist dann deren gemeinsame Mutter? In Anlehnung an Paul Feyerabend könnte man sagen, die Kunst oder die menschliche Fähigkeit zur Phantasie und zur Schöpfung. Wer Witze macht, der relativiert die Wirklichkeit. Er sagt damit, es könnte so oder vielleicht auch anders sein. Ein Witz ist wie das Leben: überraschend, uneindeutig und widersprüchlich, paradox. Wer Witz hat, hat meist auch Humor. Humor zu haben bedeutet zurücktreten zu können, sich von etwas Lähmendem und Beklemmendem distanzieren zu können. Übersetzt bedeutet Humor etwa soviel wie „besonderer seelischer Saft“. Humor ist der Saft, welcher das Kaninchen aus der Erstarrung gegenüber der Schlange befreien könnte. Es ist der Saft des Lebens, der Festgefahrenes wieder in Fluss bringt und, wie wir inzwischen wissen, in unserem Körper Glückshormone erzeugt. Wer Witze macht und wer Witz hat, relativiert, was ohne Alternative als ausweglos erscheint. Witze eröffnen neue Perspektiven und vermindern die Gefahr geistiger und affektiver Erstarrung. Humorlosigkeit, so scheint es mir, ist dagegen eine Eigenschaft von lebensfeindlichen und ängstlichen Dogmatikern, von jenen Menschen, die sich gern starr an vermeintlich unabdingbaren Rationalitäten und absoluten Wahrheiten festklammern. Freud sagt, Humor ist die „Abweisung des Anspruchs der Realität und die Durchsetzung des Lustprinzips“ (1927, 255). „ Die Lust des Witzes (stammt) aus dem Spiel mit Worten oder aus der Entfesselung des Unsinns“ (145). Die Bedeutung des Humors sieht Freud darin, sich seine Kindheit ein Stück zurückzuholen (Freud 1905, 249). Mit Witz und Humor als einer kindlichen Form der Kommunikation gelingt es viel leichter eine ungezwungenere Form des menschlichen Miteinanders herzustellen. Ich bezeichne Humor daher als komischen Sinn. Es ist der Sinn der zwischen sich und einem schwierigen oder problematisch empfundenen Ereignis einen Unterschied macht und vor einer beklemmenden Überidentifikation schützt.

Sofern Witze sich nicht auf bestimmte Volksgruppen oder Nationalitäten beziehen, fällt auf, dass die meisten Witze von Menschen handeln, die anderen Menschen irgendeine Art von Hilfe oder Lösung sozialer Probleme anbieten oder sich dafür zuständig fühlen. Sie machen sich über Menschen lustig, die versuchen als selbsternannte oder bezahlte Heiler und Helfer (Experten) regulierend auf das Denken, Verhalten und Fühlen anderer Menschen und deren körperliches oder psycho-soziales Wohlbefinden Einfluss zu nehmen (z.B. Politiker, Herrscher,

Ätzte, Psychologen, Seelsorger, Sozialarbeiter, Lehrer, Polizisten und Juristen). Die mehr oder minder guten Absichten dieser Heiler und Helfer stoßen sich im Witz ganz offensichtlich mit dem Eigensinn ihrer Adressaten und mit den inneren Widersprüchen der „guten Absichten". Schon lange bevor systemtheoretische Denkweisen modern wurden, zeigen solche Witze nachhaltig, dass sich psychosoziale Systeme nicht steuern lassen und dass es sich bei den Adressaten dieser Professionen um keine trivialen Maschinen (Heinz von Foerster), sondern um höchst eigensinnige Menschen handelt.

Humor und Witz haben in der Geschichte recht unterschiedliche Bedeutungen gehabt und es ist nicht ganz leicht, ihre Funktion genau zu erklären bzw. zu untersuchen. Das hat verschiedene Gründe. Zum einen liegt es wohl daran, dass diese Begriffe in der Geschichte durchaus unterschiedlich verstanden und bewertet wurden. Zum anderen hat es wohl mit der ausgesprochenen Ambivalenz und Grenzwertigkeit dieser Phänomene in der zwischenmenschlichen Kommunikation zu tun. In der weithin bekannten Formel „Humor ist wenn man trotzdem lacht" kommt diese Ambivalenz vielleicht am besten zum Ausdruck.

Humor als komischer Sinn ist ein Mittel mit dem sich Heiterkeit erzeugen lässt. Es ist ein Oberbegriff für eine besondere Form menschlicher Kommunikation, die sich jeweils unterschiedlicher Instrumente mit jeweils unterschiedlichen Funktionen und Wirkungen bedienen kann (vgl. Schaubild). Nach Allgemeinem Verständnis kann man sagen, dass es sich beim Humor um eine Kommunikationsform und menschliche Haltung handelt, mit der eine – zumindest bei einigen – gute Stimmung erzeugt werden kann und bei der sich eine oder mehrere Personen in guter Laune befinden und dabei lachen. Der Spruch „Wer zuletzt lacht, lacht am besten" deutet aber schon an, dass der Einsatz von Humor nicht bei allen Beteiligten auf gleiche Resonanz stößt und leicht für soziale Machtspiele missbraucht wird. Humorvolle Interaktionen können oft auf ungleicher Kosten-

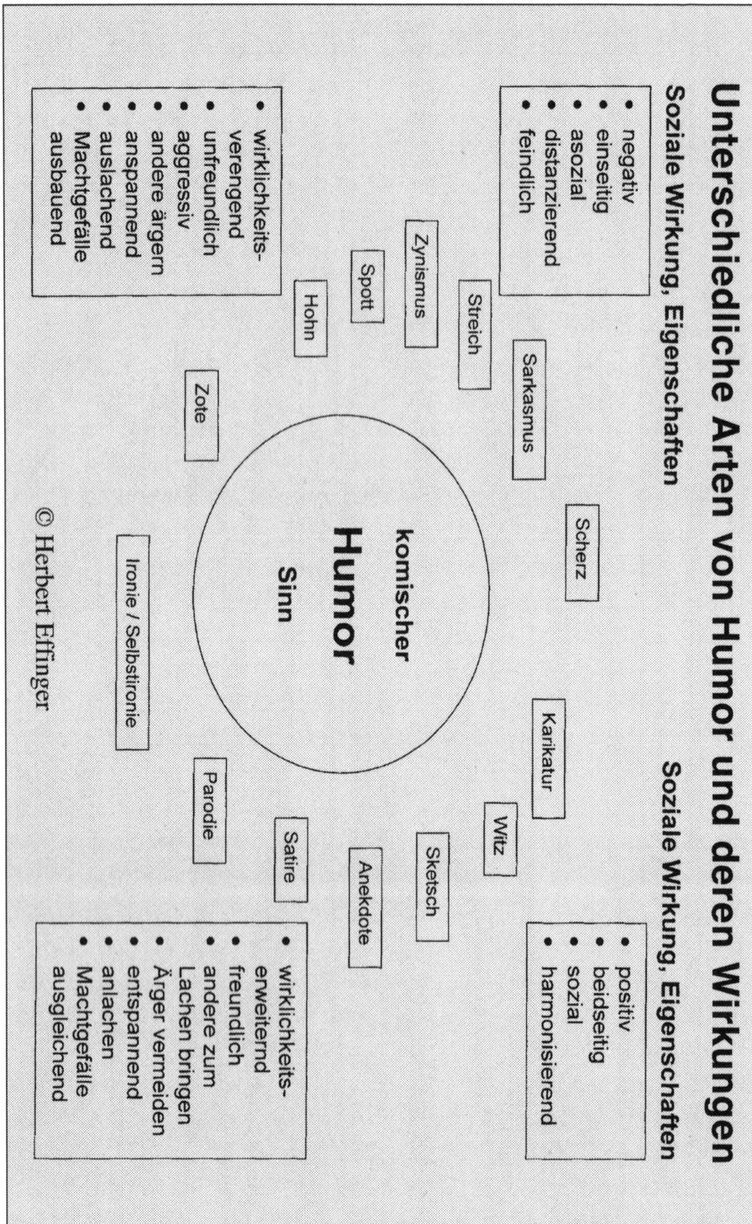
Unterschiedliche Arten von Humor und deren Wirkungen
Soziale Wirkung, Eigenschaften
• negativ
• einseitig
• asozial
• distanzierend
• feindlich
• wirklichkeits- verengend
• unfreundlich
• aggressiv
• andere ärgern
• anspannend
• auslachend
• Machtgefälle ausbauend
Zynismus
Spott
Hohn
Streich
Sarkasmus
Zote
Scherz
komischer
Humor
Sinn
Ironie / Selbstironie
Karikatur
Witz
Sketsch
Anekdote
Satire
Parodie
Soziale Wirkung, Eigenschaften
• positiv
• beidseitig
• sozial
• harmonisierend
• wirklichkeits- erweiternd
• freundlich
• andere zum Lachen bringen
• Ärger vermeiden
• entspannend
• anlachen
• Machtgefälle ausgleichend
© Herbert Effinger

und Nutzenverteilung beruhen, wenn man versucht, sich auf Kosten anderer lustig zu machen, sie „klein zu machen". Es handelt sich mehr oder minder um Schadenfreude gegenüber anderen. Witze über bestimmte Menschen- und Berufsgruppen zeigen, wie diese zur Gemeinschaftsbildung durch Ab- und Ausgrenzung beitragen. Man vergewissert sich der Zugehörigkeit zu einer Gemeinschaft indem man eine andere Gemeinschaft „humorvoll" karikiert.
Dass man sich mit dieser Methode auch gut auf Kosten anderer bereichern kann, zeigen die vielen Comedy- und Realityshows im Fernsehen. Freud unterscheidet daher harmlose von tendenziösen Witzen (vgl. Freud 1905, 129f). Eine ungleiche Nutzen-Schaden-Verteilung kann aber auch ganz unbeabsichtigt eintreten, wenn der Adressat einen Witz ganz anders versteht als der Sender dies eigentlich beabsichtigt hat. Darum gilt, dass der Humor nicht in jeder Situation und nicht bei jedem Zuhörer positive Eigenschaften entfaltet und als therapeutische oder sozialarbeiterische Interventionsform nicht für Alles oder Alle geeignet ist.

Bei einigen tendenziösen Witzen handelt es sich meist um einen mehr oder weniger gut verdeckten oder verfremdeten Angriff auf das Selbstverständnis und das Selbstbild eines Menschen oder einer Gruppe von Menschen. Den Betroffenen bleibt dabei oft „das Lachen im Halse stecken". Eine durch einen Witz transportierte Botschaft lässt eine klare Trennung zwischen digitaler und analoger Kommunikation bzw. zwischen Beziehungs- und Sachebene, zwischen einer sachlichen Information und einer persönlichen Bewertung kaum noch zu. Die Kunst, einen guten, feinfühligen, nicht auf Schadenfreude und Ausgrenzung ausgerichteten Witz zu erzählen, beruht darauf, diesen sprachlichen Drahtseilakt quasi intelligent und sozialverträglich zu bewältigen.

Ob ein Witz nun gut oder schlecht ist, lässt sich objektiv kaum beurteilen. Wie in jeder Kommunikation, bei Witzen aber wohl in zugespitzter Weise, hängt die Bewertung der Qualität eines

Witzes sehr von der subjektiven Verfasstheit der Adressaten und ihren jeweiligen Deutungen ab.

Es gibt aber nicht nur Risiken und ungewollte Nebenwirkungen beim Einsatz von Humor. In der Psychotherapie ist die heilende Wirkung des Humors spätestens seit Freuds Abhandlung (1905) bekannt. Witze können dazu dienen, den „Ernst einer Situation“ oder einer prekären Lebenslage zu relativieren. „Der Heitere ist Meister seiner Seele“, heißt es schon bei Shakespeare. Heute hat der Humor bei der Heilung und Behandlung unterschiedlichster biopsychischer Probleme in den verschiedensten therapeutischen Richtungen und medizinischen Einsatzfeldern den Status eines wirksamen Interventionsinstrumentes (vgl. Titze/Eschenröder 1998).

Die Funktion des Humors als Instrument der Heilung und Lösung biopsychischer Probleme lässt sich auf drei Ebenen beschreiben: Auf der emotionalen Ebene löst Humor Hemmungen, reaktiviert verdrängte Affekte, ermöglicht einen unmittelbaren und spontaneren Austausch menschlicher Gefühle und führt im therapeutischen Setting zu freizügiger Gleichwertigkeit.
Auf der kognitiven Ebene regt Humor kreative Potentiale an, aktiviert Entscheidungsprozesse und Perspektivenwechsel. Er sensibilisiert für neuartige Zusammenhänge, fördert eine explorierende Haltung gegenüber scheinbar unumstößlichen Gegebenheiten und hilft, rigide Verhaltensmuster durch flexiblere zu ersetzen.
Auf der kommunikativen Ebene wirkt Humor erfrischend, entspannend und anregend. Er trägt zu einer freundlich konstruktiven Beziehung bei und festigt das Arbeitsbündnis. Humor reduziert „Erhabenheitsansprüche“ der TherapeutInnen, fördert ein Klima der Offenheit, Gleichwertigkeit und reduziert die Widerstandsbereitschaft der AdressatInnen. (vgl. Hain 2003)

Die Wirkung eines Witzes beruht meist darauf, dass eine beschriebene Alltagssituation eine überraschende Wendung erfährt. Es passiert etwas, das man nicht erwartet hat und dennoch liegt es im Bereich des Vertrauten und Vorstellbaren. Witzig erscheint etwas, das man jemandem zutraut, das zu ihm passt, das ihn auch ein wenig lächerlich macht. Dies macht dann eine Pointe aus. Bei ihr wird eine erzählerische Spannung erzeugt. Eine Handlung bzw. deren Folgen werden quasi auf einen kritischen Punkt hingeführt bis dann am Ende meist etwas Überraschendes und Unvorhergesehenes, Komisches, Absurdes oder Paradoxes passiert. In der Pointe kommt es meist zu einer Art Umdeutung, was die systemische Therapie als „Reframing" bezeichnet oder zu dem, was man in der Transaktionsanalyse „redefinieren" nennt. Die Dramaturgie eines Witzes steuert immer auf einen kontingenten Ausgang zu („denn erstens kommt es anders und zweitens als man denkt"). Ohne diese Kontingenz gäbe es keine wirkliche Überraschung. Ist die Pointe schon erkennbar, bevor der Witz tatsächlich zum Ende gebracht werden kann, ist die Spannung verflogen und die Erheiterung verpatzt. Ein Witz ist damit wie unsere Adressaten auch: im Prinzip unberechenbar.

Die Wirkung eines Witzes beruht außerdem auf Mehrdeutigkeit, welche beispielsweise durch Wortspiele und mit Klanganalogien (ähnlich klingende Wörter oder Begriffe) erzeugt wird. Der Zuhörer wird bewusst mit Anspielungen gefüttert, deren Ergebnisse sich jeder denken kann, die allerdings von dem Witzerzähler nicht direkt erwähnt werden. Auch wenn dieses Muster wohl vor allem bei sogenannten anrüchigen Witzen benutzt wird, so kommt dieses Prinzip auch bei vielen Helfer- und Heilerwitzen, insbesondere bei der Provokativen Therapie (vgl. Höfner/Schachtner 2000) oder bei den systemischen, paradoxen Interventionen, zur Anwendung.
Obwohl Witze scheinbar Typisches und Vertrautes karikieren, stellen sie überkommene Sichtweisen, Werte und Traditionen in Frage. Sie verunsichern Selbstverständliches und ermöglichen damit neue Sichtweisen, als Mittel der Selbstreflexion können sie zur relativierenden Entlastung und zum Perspektivenwechsel beitragen. Es ist ja schon seit einiger Zeit bekannt, dass Men-

schen, die viel lachen, gesünder sind als ihre ernsteren Mitbürger. Darüber wird seit jeher nachgedacht (vgl. Berger 1998).

Psychologisch gesehen ist der gelungene Witz ein Spannungslöser. Mit dem Mittel des erzählerischen Spannungsaufbaus durch den Sender wird eine Spannung beim Empfänger gelöst. Dabei wird eine Distanz zwischen dem Zuhörer und dem Gegenstand des Witzes hergestellt. Diese Distanz ermöglicht es dem Zuhörer wiederum, eine besondere Nähe herzustellen. Witzerzähler machen sich so mit ihren Zuhörern gemein. Über die Bedeutung des Humors wird darum in jüngster Zeit auch in der Pädagogik (vgl. Hovellynck/Peeters 1999) oder in der Supervision (Noven 2000) nachgedacht.

Witze und deren Einsatz scheinen eine gewisse Affinität zum konstruktivistisch-systemischen Denken zu haben. Es ist daher wohl auch kein Zufall, dass in diesem Umfeld besonders gern Witze und Cartoons als Mittel der Lehre und in der Therapie eingesetzt werden (vgl. Bardmann/Kersting/Vogel 1992; Hargens 2003; Titze/Eschenröder 1998; Trenkle 2000 a, b; Watzlawick 1983 und 1986).

Wie sieht es in der Sozialen Arbeit mit dem Humor als Mittel der professionellen Intervention aus? Ist den Sozialarbeitern in Zeiten des allgemeinen Sozialabbaus schon längst das Lachen vergangen – wenn sie es denn jemals taten – oder gilt auch hier: „Humor ist wenn man trotzdem lacht“ oder vielleicht sogar „Jetzt erst recht!“?

Humor in der Sozialen Arbeit?!

Anders als der Kollege Limbrunner, der in einem Essay (1995) vor zehn Jahren der Sozialen Arbeit eine weitgehende Humorlosigkeit attestierte, ist meine Beobachtung heute positiver oder zumindest zweigeteilt. Hinsichtlich der wissenschaftlichen Veröffentlichungen in Fachzeitschriften und Büchern würde ich ihm weitgehend recht geben. Hier finden sich meist eher düstere Analysen und Prognosen bis teilweise moralinsauere Meinungen und Appelle. Und vielleicht ist das auch einer der Gründe für die in der Praxis oft anzutreffende, vermeintliche Theoriefeindlichkeit (vgl. Effinger 2005).

In den Beratungsräumen und auf den Fluren des ASD, auf der Straße, in den Pausen auf Tagungen und sonst wo habe ich das aber auch ganz anderes erlebt. Sicher, vieles erinnert an Galgenhumor, aber nicht nur. Limbrunner schreibt auch – und da stimme ich ihm voll zu: „Humor ist der Feind der Resignation.“ (...) „Humor will allerdings gepflegt werden. Wenn die Folge des analytischen und kritischen Sozialarbeiter-Blickes ist, sich der Absurditäten, Widersprüche und Paradoxien bewusst zu werden, darauf mit Humor und Gleichmut – nicht Gleichgültigkeit – zu reagieren und trotzdem weiterzumachen, dann erst sind wir gute Sozialarbeiter und Sozialarbeiterinnen!“ (Limbrunner 1995, 78).

Einen Anfang dafür könnten beispielsweise Forschungen und Diplomarbeiten über die Funktion und Bedeutung des Humors in der Sozialen Arbeit darstellen (vgl. Ullmann 2001; Bollinger/Lustenberger 2001).

Wie schon erwähnt, ein Witz läuft immer Gefahr, in ihm beschriebene Personen zu verletzen, weil diese in die Situation geraten können, dass sich andere auf ihre Kosten amüsieren. Darum ist in der Sozialen Arbeit wie auch in der Therapie nicht bei jedem und nicht in jeder Situation Witz und Humor angebracht. Diesem Problem entkommt man nur, wenn man die therapeutische Wirkung des Humors bei sich selbst anwendet und sich die Witze über die eigene Berufsgruppe selbst erzählt. Witze zu erzählen und Witze zu verstehen, erfordert also bereits ein gehöriges Maß an Empathie und Distanz. In der Suche nach und in der Konstruktion von witzigen Begebenheiten im Berufsalltag könnte auch ein Stück der Lebensweltorientierung gegenüber der eigenen Profession liegen.

Autor und Zeichner

Herbert Effinger (1951) ist verheiratet und hat eine Tochter. Nach Ende seines Studiums arbeitete er als Sozialpädagoge in der Jugend- und Erwachsenenbildung und in der Forschung. Er promovierte über selbstverwaltete Betriebe und lehrt seit 1995 als Professor für Sozialarbeitswissenschaft/Sozialpädagogik an der Ev. Hochschule für Soziale Arbeit Dresden. Nebenberuflich arbeitet er als Supervisor, Coach und Berater. Humor dient ihm vor allem als didaktisches Mittel in der Lehre und als „Lösungsmittel" bei schwierigen Interventionen in seiner beraterischen Praxis.

Wolfgang Menz (1955) ist Diplom Sozialarbeiter, ehemals berufsbegleitender Student an der Ev. Hochschule für Soziale Arbeit Dresden und „Protokoll-Rand-Zeichner". Seine Skizzen sind bildhafte Sitzungs- und Seminarmitschriften und Kommentare. Herbert Effinger entdeckte ihn – als Ursprung der frechen Zeichnungen – in der letzten Reihe seiner Vorlesungen. Wolfgang Menz war zwanzig Jahre CVJM-Sekretär und leitet heute als Geschäftsführer das Berufsbildungswerk für Hör- und Sprachgeschädigte in Leipzig. Der Vater von vier eigenen und vier Pflegekindern zeichnet bevorzugt sein Bild von der Welt der Sozialarbeiter.
Er hat alle Zeichnungen zu diesem Buch beigesteuert.

Ein Dank gilt Dipl. Soz. Päd. **Karl Werner**, Tegernheim, dessen Tipp Verlag und Autor zusammenbrachte.

Literatur

• Bardmann, Theodor-Maria / Kersting, Heinz Jürgen / Vogel, Hans-Christoph (1992): Das gepfefferte Ferkel – Lesebuch für Sozialarbeiter und andere Konstruktivisten. Aachen: Wissenschaftlicher Verlag des Instituts für Beratung und Supervision

• Berger, Peter L. (1998): Erlösendes Lachen. Das Komische in der menschlichen Erfahrung. Berlin

• Bollinger, Imelda Hermann / Lustenberger, Marlène (2001): Humor in der Sozialen Arbeit. Diplomarbeit an der Hochschule für Soziale Arbeit Luzern. Bern: Edition Soziothek

• Bollinger, Imelda Hermann / Lustenberger, Marlène (2002): Humor in der Sozialen Arbeit. In: SozialAktuell, SBS/ASPAS, Nr. 9, Mai 2002, S. 2-6

• Effinger, Herbert (2005): Mit Humot durch schwere Zeiten? In: Sozialmagazin 2/05, S. 14-20

• Freud, Sigmund (1905): Der Witz und seine Beziehung zum Unbewußten. Der Humor. Fischer Taschenbuch: Frankfurt: a.M. 1992, 6. Aufl. 2001

• Gruntz-Stoll, Johannes (2002): Es darf gelacht werden: Oder was hat Humor mit Klimaerwärmung zu tun? In: SozialAktuell, SBS/ASPAS, Nr. 9, Mai 2002, S. 2-6

• Hain, Peter (2003): Humor als therapeutische und soziale Kompetenz. In: www.humor.ch/phain/phkompetenz.htm, S. 1-6

• Hargens, Jürgen (2003): Systemische Therapie ... und gut. Ein Lehrstück mit Hägar. – Dortmund: Verlag modernes lernen

• Höfner, Eleonore / Schachtner, Hans-Ulrich (2000): Das wäre doch gelacht! Humor und Provokation in der Therapie. Reinbek bei Hamburg: Rowohlt Taschenbuch Verlag

• Hovellynck, Johan / Peeters, Luk (1999): Humor: stört oder fördert er den Lernprozeß? Ein langweiliger Titel für ein genüßliches Thema. In: erleben und lernen, 7. Jg., Nr. 6, Dezember 1999, S.4-13

• Imoberdorf, Martin (2002): Ein Lächeln im Land der Kopffüssler. Ein Gespräch mit Pello, Clown und Humorberater. In: SozialAktuell, SBS/ASPAS, Nr. 9, Mai 2002, S. 14-16

• Limbrunner, Alfons (1995): Wie witzlos ist Sozialarbeit? Humor gegen Helferleiden. In: Sozialmagazin 7-8/95, S. 76-80

• Noven, Michael (2000): Humor in der Supervision: In: Organisationsberatung-Supervision-Clinical Management, Heft 4/2000, S. 375-392

• Schödelbauer, Cornelia (1999): »Der Witz ist die sozialste aller auf Lustgewinn zielenden seelischen Leistungen« Interview mit Sigmund Freud. In: erleben und lernen, 7. Jg., Nr. 6, Dezember 1999, S.14-18
• Titze, Michael / Eschenröder, Christof T. (1998): Therapeutischer Humor. Grundlagen und Anwendungen. Frankfurt a.M., 4. Aufl. 2003, Fischer Taschenbuch Verlag
• Titze, Michael (2002): Welchen Stellenwert hat der Humor in unserer Zeit? Oder: Was können wir von den Kindern lernen? In: SozialAktuell, SBS/-ASPAS, Nr. 9, Mai 2002, S. 8-11
• Trenkle, Bernhard (2000a): Das Ha-Handbuch der Psychotherapie. Witze – ganz im Ernst. 5. Aufl. Heidelberg. Carl-Auer-Systeme Verlag
• Trenkle, Bernhard (2000b): Das zweite Ha-Handbuch der Witze zu Hypnose und Psychotherapie. Heidelberg. Carl-Auer-Systeme Verlag
• Ullmann, U. (2002): Kann Humor deinem Problem schaden? Humor als Interventionsinstrument für Sozialpädagogen, Pädagogen und Therapeuten? Diplomarbeit an der Ev. Fachhochschule Berlin
• Zajer, Christian (1998): Humor im sozialarbeiterischen Dialog, oder „Scherz beiseite?" In: www.soziales-netz.de/kolumne/humor.htm, Soziales-Netz@Kolummne-Beitrag
• Watzlawick, Paul (1983): Anleitung zum Unglücklichsein. Piper Verlag. München / Zürich
• Watzlawick, Paul (1986): Vom Schlechten des Guten oder Hekates Lösungen. Piper Verlag. München / Zürich

Bücher aus der edition buntehunde

Lisa ... und dann kam ich ins Heim

Thomas-Wiser-Haus (Hrsg.)
ausgezeichnet mit:
„Antenne-Bayern-Störenfried“ und 1. Preis „erleben & lernen“
ISBN 3-934941-00-1, Hardcover, 21 x 21,5 cm
32 Seiten, 19 Farbbilder, 12,90 Euro [D]

Die Geschichte von Lisa: Ein fundiertes sozialpädagogisches Projekt und zugleich ein einzigartiges Buch von Kindern für Kinder und Erwachsene.
In Bildern, Collagen und Texten erzählen junge HeimbewohnerInnen auch Teile ihrer eigenen Biografie.
Sie verarbeiten ihre individuellen Lebensgeschichten in authentischen und fiktiven Erzählbildern, betreffend realen und hoffnungsfroh erfundenen Gedanken.

„Der methodische Ansatz, ihr eigenes Leben bewusster zu machen und andere Menschen aufzuklären, verdient unser aller Sympathie und Freundschaft!“
(Alfons Limbrunner / Sozialmagazin)

Pusteblumen – Lyrik von unten

Ausgewählte Gedichte aus der Regensburger Straßenzeitung DONAUSTRUDL

ISBN 3-934941-20-6, Softcover, 20 x 11,5 cm
78 Seiten, 6,00 Euro [D]

Persönliche Verse, wie sie von Anfang an im DONAUSTRUDL, einer der erfolgreichsten Straßenzeitungen Deutschlands, abgedruckt werden. Gedichte als Mittel der Lebensbewältigung, mal als entlastende Beichte, mal als mutige Vision, mal als bittere Anklage. Erfahrungen aus dem Alltag von Suchtmittelkranken, Obdachlosen, Langzeitarbeitslosen, psychisch Kranken sowie von sozial ambitionierten oder beruflich in diesen Bereichen tätigen Leuten. – Bewegende Einblicke durch die groben Maschen sozialer Netze in Randzonen unserer turbomodernen Gesellschaft!

„*... erzählt vom Lieben und Leiden, von Siegen und Niederlagen der Menschen am Rande des gesellschaftlichen Blickfeldes.*" (Donau-Post)
„*... langjährige Erfahrungen und prägnante Einsichten ... oft trefflich, humorvoll, ironisch oder lässig.*" (Mittelbayerische Zeitung)

Begegnungen

mit ehemaligen ZwangsarbeiterInnen

herausgegeben von Pax Christi und der Arbeitsgemeinschaft für ehemalige ZwangsarbeiterInnen im Evangelischen Bildungswerk Regensburg e.V.

ISBN 3-934941-07-9, Softcover,
20 x 13 cm, 130 Seiten, 27 s/w-Abb.
12,90 Euro [D]

Erzählte Geschichte, in der ehemalige ZwangsarbeiterInnen zu Wort kommen, die vom Nazi-Regime in Regensburg ausgebeutet wurden.
Die Arbeitsgemeinschaft hat mit Ihren Anstrengungen erreicht, noch lebenden Betroffenen ein kleines Stück Ihrer Würde zurückzugeben.

„*... wird diese Dokumentation trotz ihrer lokalhistorischen Begrenzung auch über Bayern hinaus für die Erwachsenenbildung oder historisch Interessierte empfohlen.*" (ekz-Informationsdienst)

Paul hat Krebs

Ein Mut-mach-Buch von Eva Höschl
Geleitworte von Reinhard Andreesen
und Marion Böger

Herausgegeben von der
Leukämiehilfe Ostbayern e.V.
Auf der Empfehlungsliste des Katholischen
Kinder- und Jugendbuch Preises 2007

ISBN 978-3-934941-19-9 • Hardcover • 21,5 x 21,5 cm
64 Seiten • 22 Kinderzeichnungen von Jonas und Lukas Höschl
13 weitere Farbbilder • 16,90 Euro [D]

Eines Tages erfahren Jonas und Lukas, dass ihr Papa schwer krank ist: Paul hat Krebs. Was sich ab diesem Zeitpunkt für die beiden Kinder ändert, und wie Jonas und Lukas Ihren neuen Alltag mit einem schwer kranken Elternteil erleben, erzählen sie in einem Interview mit Eva, ihrer Mama.

»Es überzeugt die Anlage und besonders der Ansatz, Kinder authentisch und direkt in den Krankheitsprozess einzubeziehen. Mit hilfreichem Anhang.« (ekz-Informationsdienst)

Eléni – Heimat im Herzen

Eine deutsch-griechische Geschichte
Erzählung von Rea Revekka Poulharidou
2., leicht veränderte Auflage

ISBN 978-3-934941-48-9
Paperback • 19 x 13 cm
84 Seiten • 9,80 Euro [D]

Eléni wird 1967 als zweites Kind einer griechischen »Gastarbeiter«-Familie in Deutschland geboren. Dennoch könnte sich Eléni mit einer Art Doppelidentität anfreunden, wäre da nicht der Blick der anderen.
Eine poetisch anmutende Erzählung von Bindung, Verwurzelung und deren Verlust, vom Leben im Zwischen zweier Sprachen und Kulturen, von der sehnsuchtsvollen Suche und dem Finden von Heimat.

»Mit einer scheinbar einfachen Sprache, deren unaufdringliche Bilder unter die Haut gehen ...« (Magazin Lichtung)
»Differenziert, sensibel und bewegend schildert die Autorin die innere Zerrissenheit, die das gleichzeitige Hineinwachsen in zwei unterschiedliche Lebensweisen, Sprachen und Kulturen mit sich bringt.« (neaFon)

Im Land des Kohls

Groteske von Lutz Rathenow
Illustriert von Tom Meilhammer
ISBN 978-3-934941-36-6
Paperback • 28 x 20 cm • 40 Seiten
19 Duotone-Illustrationen • 9,90 Euro [D]

Die Groteske von handfester Komik schrieb Lutz Rathenow bereits 1982 und führte damit die galoppierende Verblödung beim verbissenen Kampf um die politische Macht vor. 1982 setzte sich diese Slapstick-Erzählung über die innerdeutsche Grenze hinweg und erschien in limitierter Kleinstauflage in einer Westberliner Handpresse.
Die Geschichte handelt nicht nur von permanenten Missverständnissen, sie löste auch gleich mehrere aus. Die DDR sah ihre Staatssicherheit verunglimpft und verbot den Text. In Westdeutschland, wo gerade Dr. Helmut Kohl die Regierungsverantwortung übernommen hatte, versuchte so mancher die Geschichte als neudeutsche Satire zu deuten.

»Ein groteskes Bilderbuch für Erwachsene. Wirklich eine komische Geschichte!« (Nordwest-Zeitung)

Tag der Wunder

Text von Lutz Rathenow
Bilder von Frank Ruprecht
ISBN 978-3-934941-28-1
Hardcover • 29 x 21,5 cm • 28 Seiten
Ganzseitig farbig illustriert • 12,90 Euro [D]

Ein seltsamer Tag. – Der Drache ist lustlos und einsam, der Ritter ängstlich und schwach, der Riese will sich am liebsten verstecken, und der Indianer trommelt nur noch Trauer. Doch da geschieht das Wunder: Alice hüpft beschwingt des Wegs und erlöst die vier durch ihren Kuss. Wenn zwei bekannte Kreative, Lutz Rathenow – Berliner Dichter und Schriftsteller sowie Frank Ruprecht – Maler und Buchillustrator aus Erfurt, zusammen ein Buch machen, muss das ja was besonderes werden!

»Lutz Rathenow hat ein Märchen geschrieben über die Magie eines unbeschwerten Kusses, über die Liebe, die Schutzpanzer überflüssig macht und Vergangenes vergessen lässt. Leben kann leichtfüßiges Schweben sein...« (www.librikon.de)

Nachkriegsjahre

Reportagen von 1945 bis 1959
von Karl Stankiewitz
Geleitworte von Hans-Jochen-Vogel
und Hildegard Hamm-Brücher

ISBN 978-3-934941-16-8 • Paperback
24 x 17 cm • 150 Seiten • 50 s/w-Abb.
17,80 Euro [D]

Nach dem Zusammenbruch des Deutschen Reichs mussten die Deutschen fertig werden mit all den Folgen eines verdorbenen Regimes und eines verlorenen Krieges: mit der Not der Flüchtlinge und Vertriebenen, der Kinder und »Halbstarken«, der Kriegsversehrten und heimkehrenden Kriegsgefangenen, mit Trennung und Teilung. Die Neuformierung der Gesellschaft war belastet durch Kriegsverbrecher, alte und neue Nazis, Spekulanten, Denunzianten und Schieber. Das »deutsche Wirtschaftswunder« ging in den 1950er Jahren mit dem Kalten Krieg und der Wiederaufrüstung einher.

»Einer der letzten großen journalistischen Zeitzeugen jener Tage beleuchtet die Nachkriegsjahre der Bundesrepublik.« (AZ München)
»Locker geschrieben und sehr informativ!« (Passauer neue Presse)

Die Geschichte von Adi Adler

Text und Bilder von Helmut Hoehn

ISBN 978-3-934941-47-2 • Paperback
23,5 x 20 cm • 44 Seiten
22 s/w-Zeichnungen • 9,90 Euro [D]

Helmut Hoehn erzählt die Parabel vom Aufstieg und Fall des Raben Adi Adler, der sich im wahrsten Sinne des Wortes mit fremden Federn schmückt.
In originellen Reimen und ausdrucksstarken Bildern stellt er die Lächerlichkeit bloß, die sich hinter Größenwahn und Machtmissbrauch verbirgt.

Eine fabelhafte Geschichte, der die reale Geschichte zugrunde liegt. Ein Buch für Groß und Klein.

www.editionbuntehunde.de